Hoffnung
Gedichte
von Ines Nandi

Für alle Erwachenden

Ines Nandi

Hoffnung

Gedichte

Bibliografische Information durch die deutsche Nationalbibliothek:
Die Deutsche Nationalbibliothek verzeichnet diese Publikation in der deutschen Nationalbibliografie; detaillierte bibliografische Daten sind im Internet unter http://dnb.d-nb.de abrufbar

Impressum
Ines Nandi © 2011
Titelfoto: Ines Nandi
Federzeichnungen: Ines Nandi
www.autorin-ines-nandi.de

€ 5,50
Herstellung und Verlag: Books on Demand
GmbH, Norderstedt
ISBN 978-3-8423-8423-1

Vorbemerkungen im September 2001:

Einige politische Worte zu einem „unpolitischen" Buch

In diesem September 2001 ist die Menschheit zutiefst erschüttert. Unfassbares ist geschehen, etwas so noch nie Dagewesenes, und nichts scheint in Wirklichkeit mehr zu sein, wie es früher einmal war. Tiefe Unsicherheit, Angst vor Kriegsgefahr, aber auch weltweite Solidarität mit den Opfern. Dass man jetzt nach Vergeltung ruft und den Kampf des „Guten gegen das Böse" beschwört, ist verständlich, aber ich meine, dass es nicht das ist, worum es uns gehen sollte. Uns, der hoffentlich nicht schweigenden Mehrheit, den „Menschen guten Willens". Der Terrorismus hat einen sozialen Hintergrund, und das sind bislang ungelöste Konflikte wie der zwischen Israelis und Palästinensern im Nahen Osten, wenn auch die Täter in diesem Falle nicht direkt von dort hervorgegangen sind. Verstehen Sie mich nicht falsch: Ich zeige jetzt nicht mit dem Finger auf die Palästinenser, und schon gar nicht auf eine Milliarde Menschen islamischen Glaubens. Was ich sagen will, ist dies: Solange sozialer Sprengstoff nicht entschärft ist, solange es keine Versöhnung gibt hier und an anderen Orten, solange wird es Leute geben, die berechtigte Anliegen nach einem geordneten und selbstbestimmten Leben zum Vorwand für Verbrechen nehmen. Lasst das FBI die Mörder jagen, das ist in Ordnung so, aber die USA und alle, die sie unterstützen, sollten nicht ihrerseits unschuldige Menschen bombardieren. Wir jedoch wollen uns darauf besinnen, dass die wahrhaft gute Seite im Menschen, wenn wir uns denn auf sie berufen wollen, nicht die ist, die Rache übt, sondern die, die Frieden stiftet. Ich möchte meine Gedichte als Anregung zur Besinnung auf all das verstanden wissen, was uns Menschen im besten Sinne zu Menschen macht: unser Umgang mit unseren Ängsten und Hoffnungen, unser Fragen und Suchen, unsere Verbindung mit der Erde – und vor allen Dingen unsere Fähigkeit zur Liebe.

Laupheim, Mitte September 2001
Ines Nandi

Vorbemerkungen im Oktober 2011:

Warum eine Neuauflage nach zehn Jahren?

Nach einem Jahrzehnt entschließe ich mich nun zu einer Neuauflage meiner spirituellen Gedichte aus zwanzig Jahren. Ich meine, dass sie noch genauso aktuell sind wie damals, als das neue Jahrtausend gerade erst aufdämmerte. Wie es aussieht, ist die Welt nicht friedlicher geworden seither – der zweite Irakkrieg hat zahlreiche Wunden hinterlassen; der Krieg in Afghanistan dauert an; der Nahostkonflikt ist noch immer nicht gelöst; was der „arabische Frühling" letztlich bringen wird, weiß niemand; die globale Finanzkrise macht der Mehrheit große Angst; und... und... und...

Meine Hoffnung gilt heute wie vor zehn Jahren denen, die ich im September 2001 „Menschen guten Willens" nannte. Ich meine die Menschen, die dabei sind zu Sich Selbst zu erwachen, die Menschen, die den Frieden und die Freude zunächst einmal auf dem Weg nach Innen, dem Weg in die Stille, suchen. Wer sich selbst nicht annimmt und liebt, der kann auch anderen kein Mitgefühl schenken – nicht wirklich! Wer sich selbst nicht annimmt und liebt, der kann keinen Frieden in seine Umgebung tragen. In diesem Sinne widme ich dieses kleine Buch heute allen Erwachenden.

Ines Nandi

Invokation
1982

Geduldig harrend
Der Ernte
Die da kommen soll
Die Felder liegen brach
Vergiftet ist der Grund

Geduldig harrend
Der Wald ist tot
Und die Auferstehung ist ungewiss

Geduldig harrend
Stillt die verpestete Luft
Keinen Durst mehr
Das Wasser ist hungrig

Geduldig harrend
Der Erlösung die da
Kommen soll
Und der Atomkrieg
Ist nahe

Voll Ungeduld wartend
Die Menschen denen der Messias
Verheißen

Wann kommt er
Emanuel

Du weißt es nicht

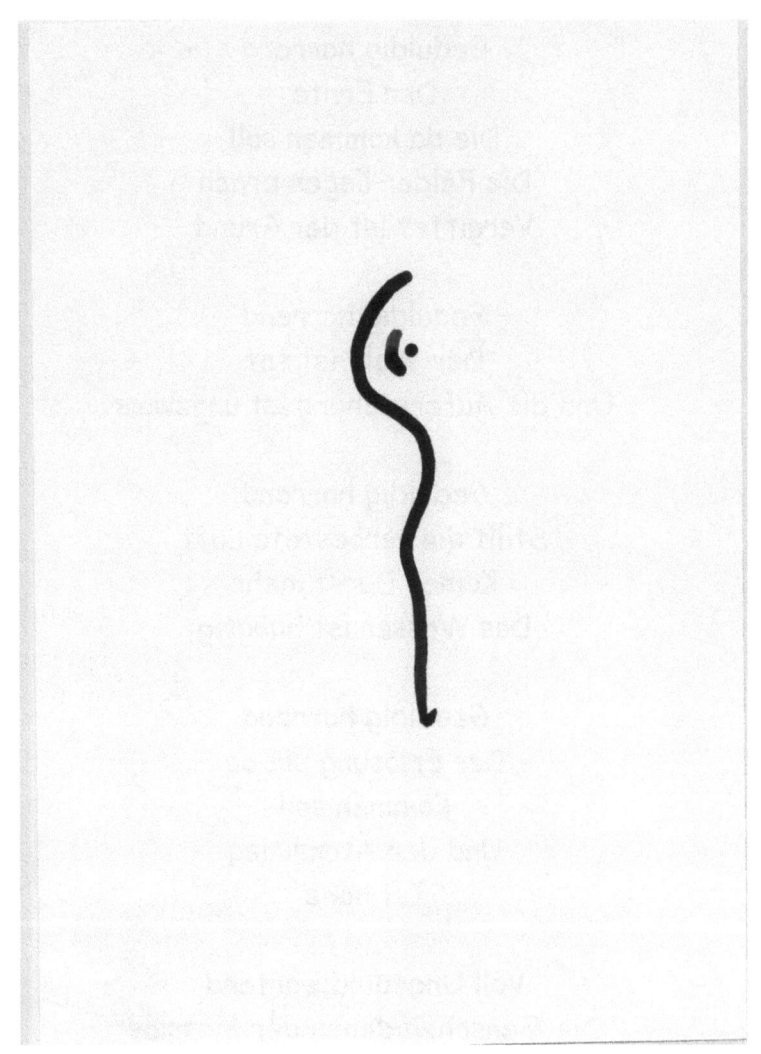

Krokusse 1
1882

Die weißen sind Heilige Jungfrauen
Die cremefarbenen – „Noli me tangere"
Wie die gelben heißen
Die leuchtend gelben – Freude?

Wie die lila heißen
Und die weißen
Mit den zartlila Streifen
Das weiß ich noch nicht.

Krokusse 5
1882

Sie stehen eng zusammen
Und öffnen sich der Sonne
Die gelben heißen
FREUDE

Krokusse 6
1992

Krokus
Zarte Adern
Violett
Bebend im Winde

Der Schatten 1
1982

Du kannst nicht drüber springen
Ihn kleiner machen kannst du nicht
Ob lang und hell
Ob kurz und schwarz
Er ist immer der gleiche

Doch du kannst
Das Unmögliche
Möglich machen

Verjag ihn!

Der Schatten 2
1982

Er:
Du kannst mich nie verjagen
Mich kleiner machen kannst du nicht
Ob dunkel und groß
Ob klein und hell
Ich bin immer der gleiche

Sie:
Doch! Ich kann das Unmögliche
Möglich machen:

Verschwinde!

Der Schatten 3
1982

Du kannst ihn nicht verjagen
Ihn kleiner machen kannst du nicht
Ob lang und hell
Ob kurz und schwarz
Er ist immer der gleiche

Doch du kannst das Unmögliche
Leben lassen –

Behalt ihn!

Prosa
1984

Ich saß an einer Quelle, die mit Steinen ange-
füllt war, und ich verbrachte meine Tage damit
die Steine fortzuräumen. Aber immer, wenn ich
dachte, ich hätte nun endlich die Quelle freige-
räumt, siehe, da offenbarte sich eine weitere
Schicht von Steinen und ich musste weiterar-
beiten. Geduldig wartete ich auf den Tag X, an
dem ich alle Steine fortgeräumt haben würde,
und es kam so mancher Tag, an dem ich dachte,
er wäre der Tag X. Aber immer stellte sich
heraus, dass dies nur ein weiterer Tag der Ver-
heißung war, eine Verschnaufpause, damit meine
müden Arme sich ausruhen konnten. Ich grub
und schaffte und arbeitete, alles mit bloßen
Händen, aber dann kam ein Tag, den ich Y nann-
te und an dem ich besonders müde war. An die-
sem Tag beschloss ich auf das Freiräumen der
Quelle zu verzichten und auf ein Wunder zu
warten. Ich legte meine Hände in den Schoß und
dachte an gar nichts.

Und siehe, es kamen Engel vom Himmel und
schütteten alle Steine, die ich jemals fortge-
räumt hatte, wieder über die Quelle und be-
lehrten mich, dass diese Quelle eine heimliche

sei und dass niemand sie kennen dürfe. Ich dankte den Engeln, obwohl dieser Haufen von Steinen zentnerschwer auf meiner Brust lastete, aber ich dankte ihnen für das Wunder ihrer Erscheinung. Da belehrten sie mich, dass sie Engel gar nicht seien, sondern Ausgeburten meiner Fantasie, und dass ich außerordentlich dumm sei, mich an dieser Quelle abzurackern. Es sei die Quelle der Gnade, sagten sie, und diese würde nur dem geschenkt, der dieses Wunder ganz einfach in Ruhe lasse. Beten sei erlaubt, aber nicht unbedingt notwendig.

Und dann ließen sie mich allein mit diesen Steinen auf meiner Brust und ich weinte.

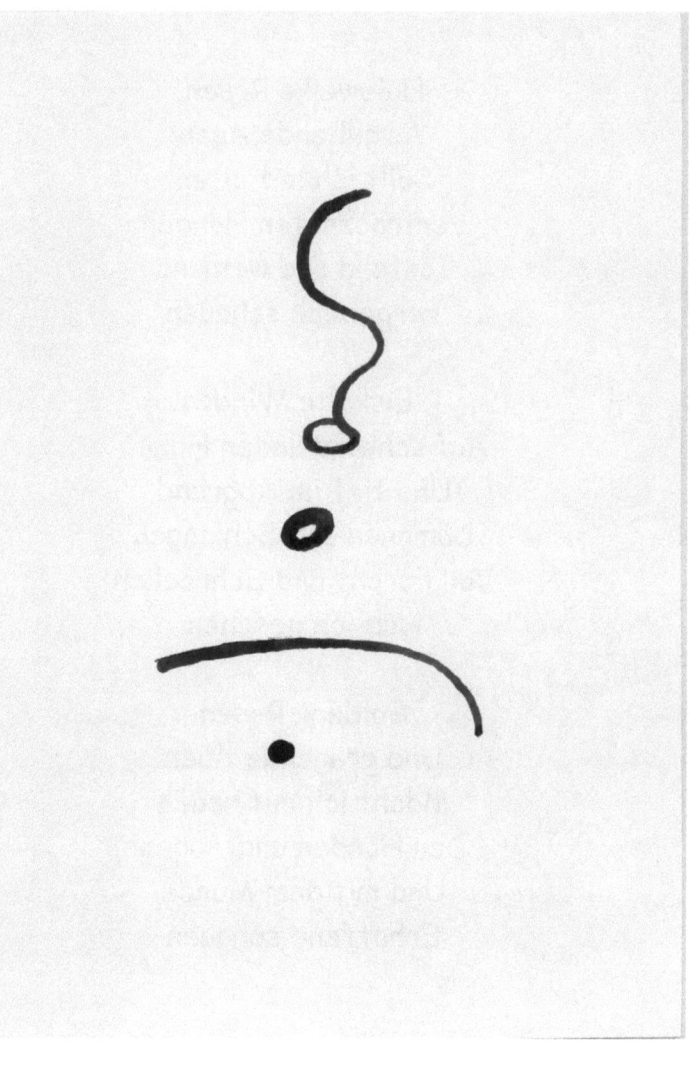

Hoffnung
1984

Halbwelke Rosen
Vergilbende Auen
Sollt ich mit alten
Vertrockneten Händen
Tastend und weinend
Vergeblich schauen

Eiskalte Winde
Auf schwindelnden Höhen
Und tief im Abgrund
Dämonen und Schlangen
Voll Furcht und Schrecken
Hab ich gesehen

Goldene Rosen
Und grünende Auen
Möcht ich mit neuen
Den Händen und Augen
Und mit dem Munde
Erhoffend schauen

Suche
1984

Du betrittst eine Landschaft –
Dort finde dich selbst.

Vielleicht
Gehst du heute
In die Wüste Gobi
Und bist ein Kamel
Das nur wenig Wasser
Getrunken hat.
Die Fata Morgana
Wird dir vorspiegeln
Dass du ein Falter bist.

Dann
Verzage nicht!
Suche den Bruder.
Dann findest du *dich*.

Du betrittst eine Landschaft.
Dort finde dich selbst!

Vielleicht bist du heute
Im Dickicht der Städte
Verloren
Vom Abgas erstickt.

Oder du fällst
In einen tiefen Abgrund
Im Traum
Und bist erstaunt
Dass du dich
Mit zerschmetterten Gliedern
Aber lebend
In deinem Bett
Wiederfindest.

Dann
Verzage nicht!
Suche den Bruder,
Dann findest du *dich*!

Du betrittst eine Landschaft.
Dort finde dich selbst!

Vielleicht
Gerätst du heute
In den tropischen Regenwald.
Das ist ein Biotop,
Das schon halb zerstört ist.
Es gibt Siedler dort –
Der Wald ist gerodet
Aber giftige Schlangen
Und Indianer
Sind auch dort zu Hause.

Hab Mitleid mit dem Wald!
Verzage nicht,
Denn dort war dein Bruder.
Bald findest du ihn.

Du betrittst eine Landschaft.
Dort finde dich selbst.

Vielleicht bist du heute
Schon fast verschmachtet
Und hoffst auf ein Wunder.

Dann
Verzage nicht!
Es gibt keine Wunder.
Aber dort
In der Wüste
Ist eine Oase.
Dort suche den Bruder –
Dann findest du *dich*!

Denn:
Du betrittst eine Landschaft –
Dort finde dich selbst!

Vor der Kreuzigung
1988

Vor der Kreuzigung
Wusste niemand
Wer Gott ist

Vor der Kreuzigung
Hattest du Angst,
Mensch

Vor der Kreuzigung
Littest du Qual,
Jesus

Was aber bedeutet
„Die Kreuzigung"?

Nach Golgatha
1995

Einer trug das Kreuz
Für dich und mich
Einer schwitzte Blut
Für dich und mich
Einer stürzte schwer
Für dich und mich...

Wanderer
Gehst du nach Golgatha
So bitte ich dich:
Teile die Last!

Nach Damaskus

1995

Staubig
Der Weg
Die Sonne brennt
Vom Himmel
Karawane
Meile um Meile.

Müde
Der Mann
Die Stimme ruft
Vom Himmel
Warum
Verfolgst du mich?

Augen
Geblendet
Das Licht kam
Vom Himmel
Was will ER
Von mir?

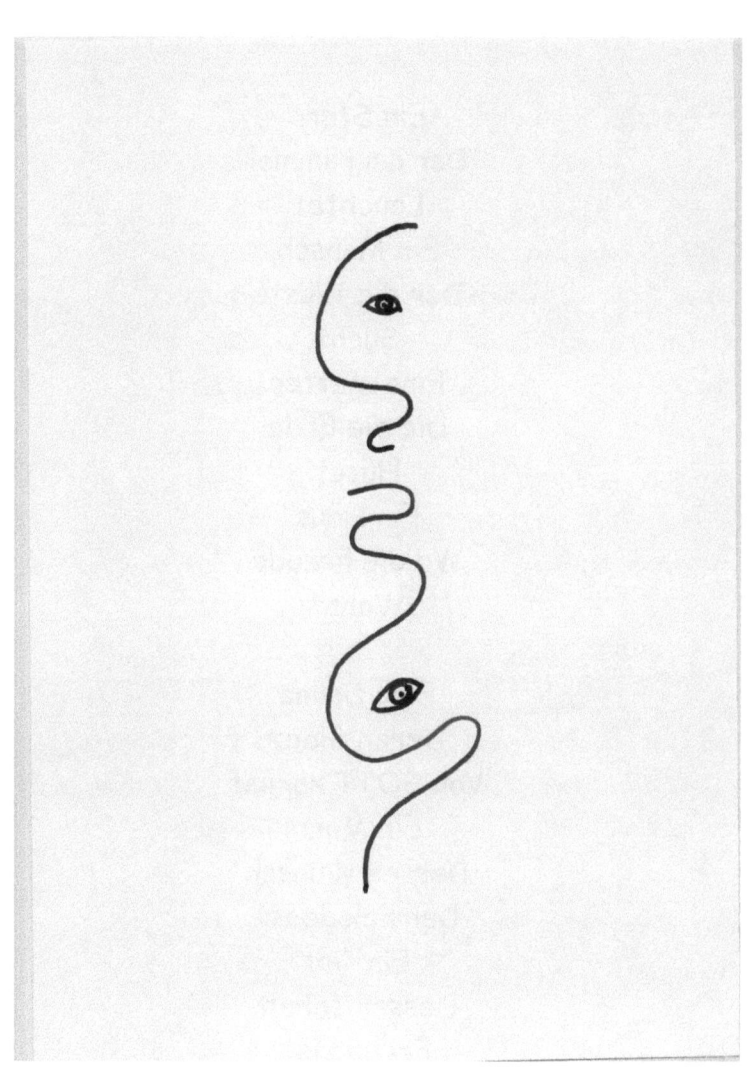

Nach Bethlehem
1995

Ein Stern
Der am Himmel
Leuchtet
Ein Mensch
Der die Wüste
Sucht
Eine Mutter
Die die Erde
Hütet
Ein Haus
Wo die Freude
Wohnt

Eine Sonne
Deren Glanz
Von GOTT kommt
Ein Mann
Dessen Wunsch
Der Friede ist
Ein Ort
Dessen Inhalt
Freude ist
Eine Oase
Wo Wasser quillt...

In der Oase III
1995

Ich saß
An der Quelle
Und fragte mich
Wann wird ER kommen?
Das Wasser rann
Durch meine Hände.
Ich sah SEINEN Schatten
Über mir
Die Hitze
Fiel von mir ab.
ER reichte mir Wasser
Mit bloßen Händen
Ich trank
Und war getröstet.

Alte Straße
1995

Die alte Straße
Sollst du verlassen
Sie führt nicht
Zu IHM

Die alte Straße
Ist sehr bequem
Aber ein Holzweg

Die alte Straße
Hat Schlaglöcher
Die gefüllt sind
Mit Schlagsahne
Die alte Straße
Ist nie leer.

Auf der alten Straße
Fahren Autos
In Mengen
Auf der alten Straße
Gibt es keine Pilger.

Mensch, wähle
Den neuen Weg!

Vater und Mutter
1995

Komm nach Hause
Kind
Du warst verloren
Komm nach Hause
Kind
Du hattest dich verirrt!
Komm nach Hause
Kind
Du fielst unter die Räuber
Komm nach Hause
Kind
Wir schlachten unser Kalb!

Verlassen
1995

Sometimes I feel
Like a motherless child
Doch ich bin
Eine Mutter
Ohne Kind.
Sie ging
Ohne zu fragen
Sie ging
Ohne zu sagen
Wohin.
Ich starb
Und musste leben
Will helfen
Und Wasser geben
Doch wem?

Nach dem Tode 3
1995

Seele
Auf deinem Wege
Beachte
Die Steine!
Manche sind
Stolpersteine
Manche sind
Meilensteine
Manche sind
Mauersteine.
Über Mauersteine
Steige hinweg
An Meilensteinen
Ruhe dich aus
Über Stolpersteine
Falle *nicht*!
Seele
Bist du auf Wanderschaft
Beachte
Die Steine!

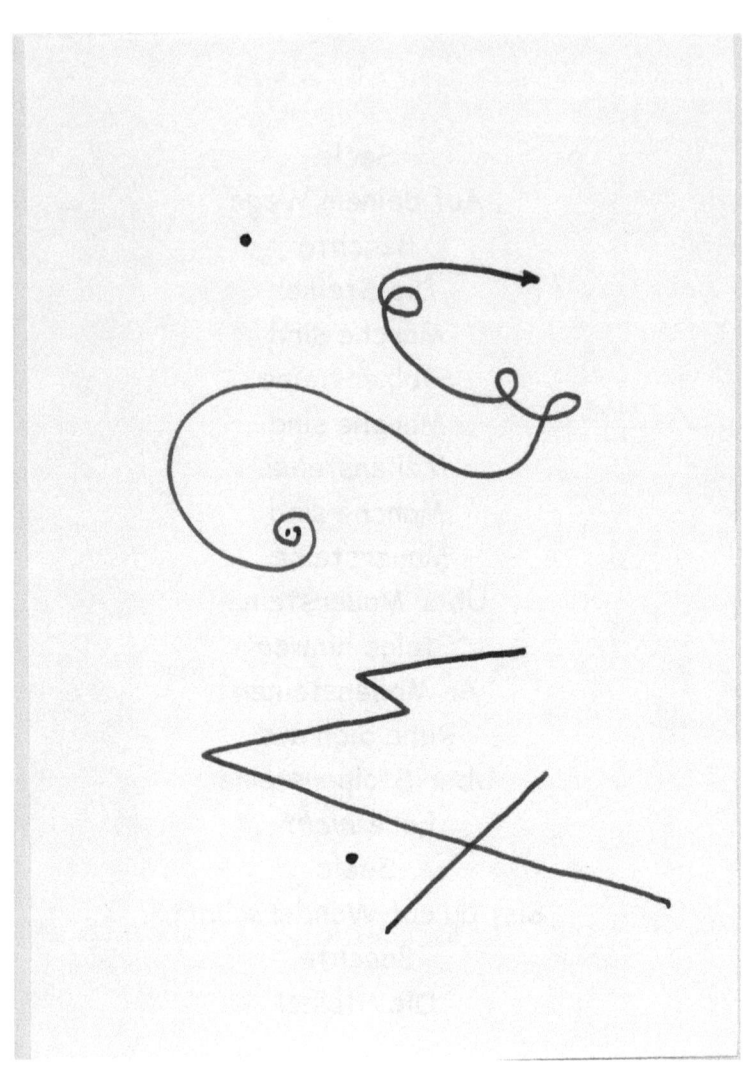

Nach dem Tode 4
1995

Einer erhielt
Eine Lampe
Doch er blies
Sie aus.
Einer sah
Das Licht
Doch es blendete
Ihn.
Einer
Kam zu Gott
Doch er erkannte
IHN nicht...

Der Diamant
1995/2001

Geschliffen
In tausend Facetten
Spiegelt er
Das Sonnenlicht

Doch das Auge
Der Fliege
Kann mehr

Tränen
1995

In Tränen
Spiegelt sich der Himmel
Tränen
Fließen flussaufwärts
Mit Tränen
Wusch Jesus
Seinen Jüngern die Füße

Freude
1995/2001

Die Ankunft des Sohnes
Bringt Freude
Freude bringt's
Wenn ein Kind
Morgens singt
Ohne die Freude
Wäre der Tod
Kein Leben

Der Löwe
1995

Die Steppe zittert
Wenn er brüllt
Sein Harem
Ziert sich nicht

Gnus und Zebras
Seine Beute
Wem gehört die Welt?

Das Kätzchen
1995

Der Vogel im Maule
Zappelt noch
Aber er singt nicht mehr

Hoch im Baume
Thront die Katze
Und kann nicht
Zurück

Die Maus
Klein flink grau
Speck schmeckt gut!

Schmeißfliege
1995

Eine Schmeißfliege
Golden schillernd
Könnte schöner sein

Als manches Geschmeide
Wenn sie nicht wäre
Was sie ist
Eine Schmeißfliege

Die Ameise
1995

Spur im Sand
Kaum sichtbar
Das Tier ist klein

Lastenträgerin
Voller Stärke
Allein
Ist sie nichts

Morgenröte
1995

In der Dämmerung
War ich traurig
Doch kam
Das Morgenrot
Der Himmel erglühte
Die Sonne sprühte
Funken ohne Ende
Denk nicht
An den Abend

Tau am Morgen
1995

Tau fiel
Über Nacht
Am Morgen
Perlte die Wiese
Die Sonne spiegelte sich

Tau fiel
Über Nacht
Am Morgen

Sangen die Vögel
Ihr Lied
Erklang im Blau

Tau fiel
Über Nacht
Am Morgen
Stand der Mensch auf
Sein Tagwerk
War vorgezeichnet

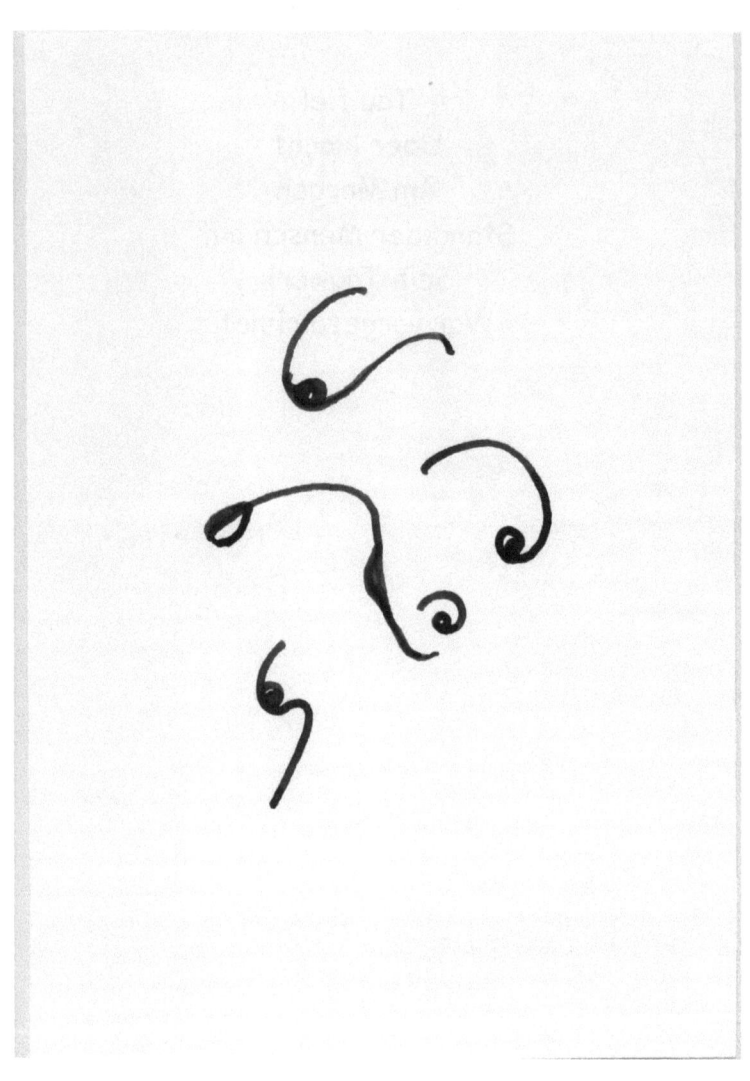

Die Rose
1995

Eine Rose
Im Sommer
Tautropf
Auf Blütenblatt
Rot
Ihre Farbe
Tautropf glänzt

Eine Rose
Im Sommer
Blattlaus
Frisst Blütenblatt
Rot
Ihre Farbe
Blattlaus
Stirbt

Eine Rose
Im Sommer
Regen
Tränkt Blütenblatt
Rot
Ihre Farbe
Regen
Tropft

Eine Rose
Im Herbst
Welk
Das Blütenblatt
Braun
Ihre Farbe
Blütenblatt
Fällt

Blütenträume
1995

Wenn Blütenträume
Welken
Reifen Früchte
Besonderer Art
Rote Blaue Gelbe
In Formen
Mancherlei

Wenn Blütenträume
Reifen
Faulen Früchte
Erlesener Art
Braune Schwarze Lila
Formlos
Bis ins Mark

Wenn Blütenträume
Wahr werden
Wachsen Worte
Anderer Art
Schöne Warme Gute
Geschrieben
Durch den Geist

Schall 2
1995

Morgenzug rattert
Bremsen quietschen
Flugzeug durchbricht
Die Schallmauer
Hörst du die
Flötentöne
Leise verklingen
Wenn der Wasserfall
Rauscht?

Mittagszug rattert
Autos hupen
Flugzeug steigt auf
Am Himmel
Hörst du die
Geige klagen
Schluchzend vor Sehnsucht
Wenn der Kuckuck
Ruft?

Abendzug rattert
Karambolage
Flugzeug donnert
Vorbei
Hörst du das

Mädchen weinen
Still und ergeben
Wenn die Nachtigall
Singt?

Herbstwind
1995

Wenn Blätter fallen
Weht der Wind
Weht der Herbstwind
Durch das Laub

Staubkörner wirbeln
Wenn der Wind weht
Weht er leise
Durch das Laub

Deine Gedanken
Sind dem Wind gleich
Wehen lautlos
Durch das Hirn

Deine Freude
Weht im Winde
Weht gelinde
Übers Land

Geh du wandern
Mit dem Winde
Zieh geschwinde
Durch die Zeit

Unio
1995

Zwei Ströme
Die sich vereinigen
Zwei Blumen
Die sich im Winde neigen
Zwei Schafe
Die schüchtern blöken –
Du und ich

Zwei Flocken
Die leise tanzen
Zwei Bäume
Herbstlich rot
Zwei Stühle
Ohne Lehnen –
Du und ich

Zwei vernetzte Computer
Zwei Rehe
Auf einer Lichtung
Zwei Tassen
Mit *einem* Sprung –
Du und ich!

My Love
1995

Rote Rosen
Sind nicht rot genug
Für Dich
My Love
Was die Leute sagen
Ist nicht klug genug
Für Dich
My Love
Mein schwarzer Anzug
Wartet
Auf die Hochzeit
My Love –
Und was sagst
Du?

Mädchens Antwort
1995

Meine Worte
Sind nicht schön genug
Für Dich
Mein Freund

Was die Dichter singen
Ist nicht hoch genug
Für Dich
Mein Freund
Mein weißes Kleid
Wartet
Auf die Hochzeit
Mein Freund
Das sage
Ich!

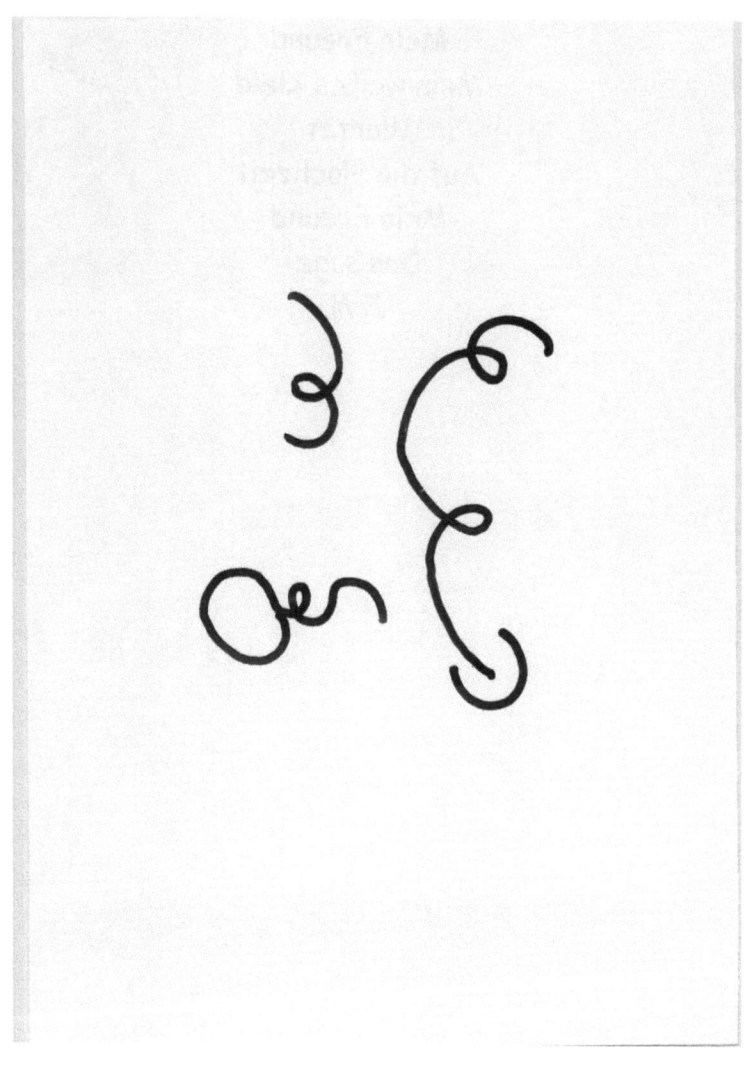

Blütenträume 2
1997

Es fiel ein Reif
In der Frühlingsnacht
Er fiel auf weiße
Blüten
O Mensch
Gib auf dich selber Acht
Wer soll dich sonst
Behüten?
Im Traum sahst du
Das Paradeis
Und warst wohl gar
Darinnen
Schließ deine Augen
Sacht und leis
Denn bald gehst du
Von hinnen

Zwei Menschen
1997

Was sind wir?
Zwei Menschen
Ein Du
Und ein Ich
Universen
Ohne Fenster
Oder siehst du mich?
Wir gehen
Zwei Wege
Jeder seinen
Jeden Tag
Und jeder
Fragt den andern
Ob er ihn wohl mag?
Deine Hände
Meine Hände
Suchen Halt bei
Mir und dir
Schau mir einmal
In die Augen
Ja, ich bin doch hier!

Versöhnung
2000

Tränen bringen
Glück hervor
Weinst du sie
Von Herzen
Unsre Stadt macht
Auf das Tor
Unter Lachen
Scherzen

Streit bedeutet
Noch mehr Freud
Wenn wir ihn
Begraben
Bald vergessen
Altes Leid
Da wir Liebe
Haben!

Wenn du heute
Zu mir kommst
Spar dir dein
Erröten
Auch die Blumen
Die du bringst
Sind nicht mehr

Vonnöten

Ich verzeih dir
Herzlich gern
Komm wir wollen
Wandern
Hin zu einem
Neuen Stern
Einer führt den
Andern!

Invokation 2
2000

Geduldig harrend
Der Wege
Die da offen sind
Ozonloch bleckend
Vergiftet Luft und Erd

Geduldig harrend
Die Schöpfung
Die verloren scheint
Sterbende Arten
Klagen uns Menschen an

Geduldig harrend
Die Menschen
Die erblindet sind
Ihr eignes Erbe
Vernichten sie im Schlaf

Geduldig harrend
Auch wenn
Erlösung ferne scheint
Besinnt euch heute
Ihr werdet freier sein

Mutter
2000

Wir wohnen
Im Treibhaus und
Schänden dich
Mutter Erde

Wir heizen
Über die Autobahn
Und aus Schornsteinen
Mutter Erde

Wir vergessen
Dass dein Wasser
Das Leben ist
Mutter Erde

Gottes Sonne
Bescheint
Gut und Böse

Das Loch
Im Ozon
Schadet uns selbst
Mutter Erde

El Nino

Lässt Korallen sterben
Und uns
Mutter Erde

Der Atomtod
Bedroht
Alles Leben
Mutter Erde

Gottes Sonne
Schickt uns
Keine Rechnung

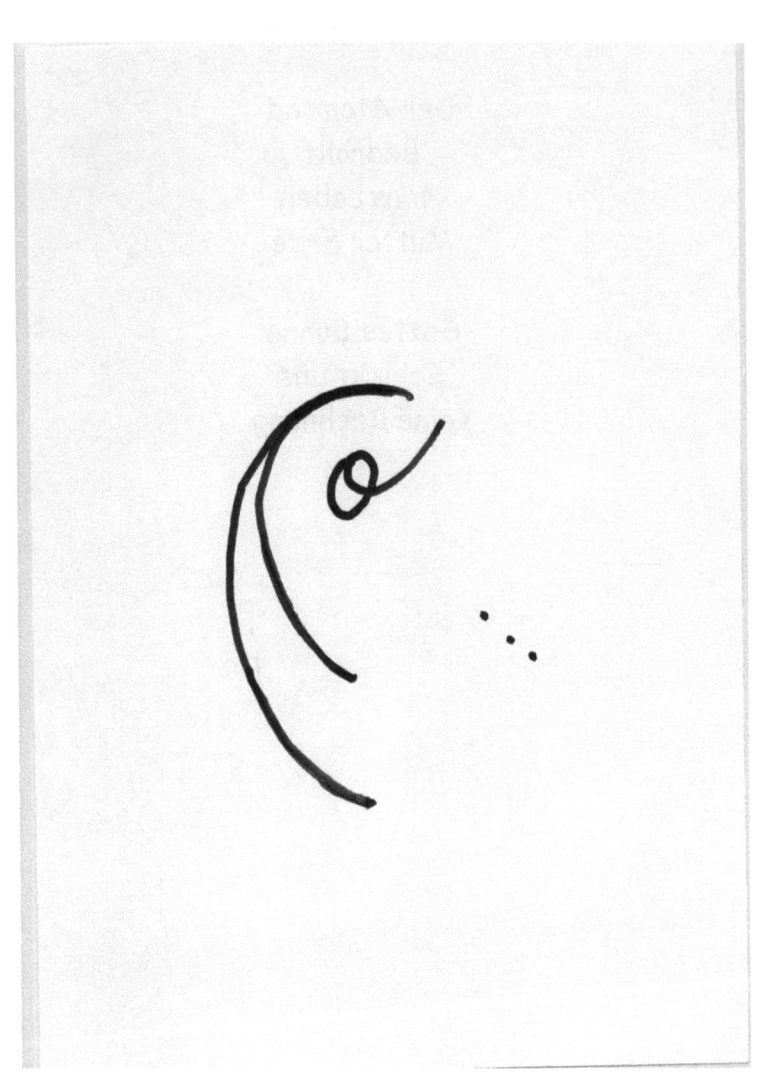

Wettlauf
2000

Wettlauf
Mit der Zeit
Du ziehst immer
Den Kürzeren

Wettlauf
Mit der Zeit
Du änderst
Nur dich selbst

Wettlauf
Mit der Zeit
Alte Wunden
Bluten immerfort

Wettlauf
Mit der Zeit
Verharre
Und sei still

Sanduhr
Misst die Stund
Du vernichtest
Was dir Kummer macht
Sanduhr

Ohne End
Rinnt die Zeit
Und du kennst sie nicht

Sanduhr
Misst die Freud
Und das Leid
In der Not der Zeit

Sanduhr
Wirf sie um
Mach dich frei vom Diktat

Würden
2000/2001

Stetes Schreiten dahin
Ist des Denkenden Würde
Denn er lebt
Vom Verweilen

Offne Wunden vom Kampf
Trug der Dichter als Bürde
Als er schrieb
Diese Zeilen

Dreht die Mühle im Kreis
Wird das Korn wohl gemahlen
Brot zum Leben
Ist da

Hat der Läufer den Preis
Sind vergessen die Qualen
Als das Ziel er
Nicht sah

Steht am Ende des Tags
Roter Wein in dem Kruge
Darfst du dich
Daran laben

Doch genieße mit Maß
Rät dir heute der Kluge
Um Erholung zu haben

Suche 3
2001

Wer sucht
Der findet
Wer aufhört zu suchen
Der steckt im Sumpf
Sagt der Christ

Manchmal
Empfiehlt es sich
Die Hände in den Schoß
Zu legen und zu
Meditieren
Sagt Buddha

Den Stein der Weisen
Sucht der Alchimist
Das Große Geld
Sucht der Kleine Mann
Und die Kleine Frau
Sucht immer noch
Den Großen Mann
Oder nicht?

Die Polizei
Sucht den Verbrecher
Der Biologe

Sucht das gewisse Gen
Und was suchst DU?

Das Große Glück
Suchen alle Narren
Aber die Klugen
Suchen den Frieden
Mit sich selbst
Mit dem andern
Mit Gott
In der Welt

Der Friede?
Er ist dort
Wo du ihn nicht ahnst

Wünschelrute
2001

Ein Rutengänger
Ging mit einer gängigen Rute
Und suchte
Nach einer unterirdischen Ader.
Lebendiges Wasser
Nützliches Wasser
Eventuell auch
Schädliches Wasser
Suchte er
Doch er fand nur
Gold.

Die Wünschelrute
Schlug dreimal aus
Das war das Signal
Für Metall.
Die Menge jauchzte
Entzückt auf
Reichtümer erhoffend.
„Könnt ihr Gold den trinken?",
Fragte der Mann
Derweil die Rute
Zitternd auf den Boden schlug.

„Wir können für das Gold

Alles Wasser der Welt kaufen",
Sagten die Leute.
Der Rutengänger
Lachte.
„Was nützt euch das Gold,
Wenn es kein Wasser mehr *gibt*?"
Und er fuhr fort zu suchen.
Gold Gold und Gold
Das fand er
Wasser gab es nicht.

„Vielleicht liegt es an der Rute",
Meinten die Leute
„Du hast die falsche Rute, Mann!"
Die Rute war in Ordnung
Aber das Wasser
Blieb verborgen
Als hätte Gott selber
Es versteckt.
Wo nichts ist,
wird auch nichts
Gefunden.

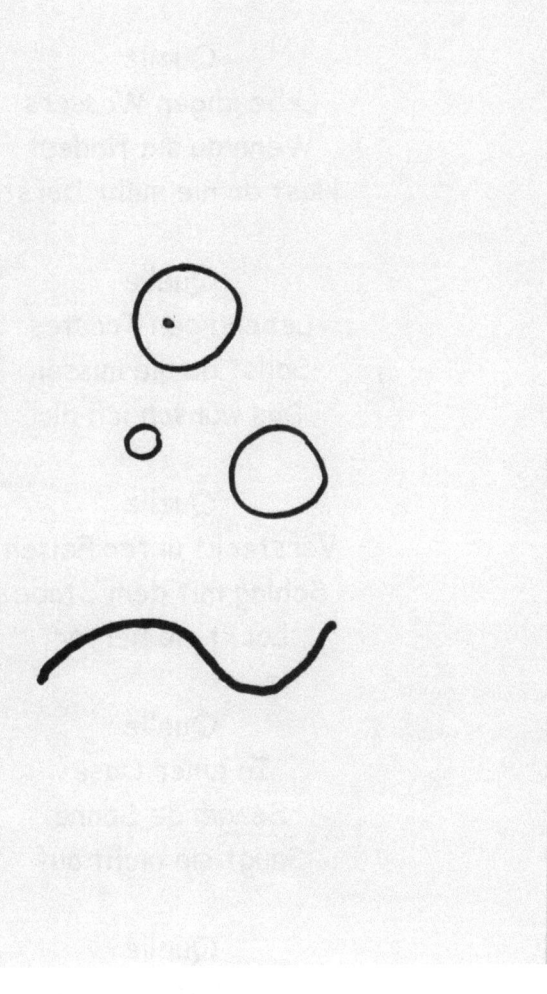

Widmung
2001

Quelle
Lebendigen Wassers
Wenn du sie findest
Hast du nie mehr Durst

Quelle
Lebendigen Trostes
Sollst du nie missen
Das wünsch ich dir

Quelle
Versteckt unter Felsen
Schlag mit dem Stabe
Lockt sie hervor

Quelle
In einer Oase
Sengende Sonne
Saugt sie nicht auf

Quelle
Lebendigen Wassers
Auf geh sie suchen
Sie fließt für DICH!

Über die Autorin

Ines Nandi, geboren 1949 in der rheinischen Kleinstadt Eitorf, wuchs in Marburg, Hamburg und Köln auf und legte das Abitur 1967 in Paris ab. Nach dem Studium der Anglistik und Romanistik in Bonn erhielt sie 1975 „Berufsverbot" als Lehrerin wegen Unterstützung einer linken Gruppierung. Sie ist seit 1970 mit ihrem indischen Ehemann verheiratet und hat eine Tochter und drei Söhne sowie vier Enkel. Seit 1980 lebt sie als Familienfrau und Autorin in Laupheim/Baden-Württem-berg.

Schon als Kind schrieb Ines Nandi kleine Geschichten für Geschwister und Freunde, als Jugendliche Märchen, Gedichte und Tagebücher. Im Jahre 1980 begann sie wieder zu schreiben: Romanversuche, Gedichte, Autobiografisches…

1980/81 buchte sie einen Fernkurs für Autoren, den sie einige Monate später abbrechen musste, da sie in eine über Jahre anhaltende psychische Krise geriet. Ihr autobiografischer Versuch „Die Jungfrau, die heiraten wollte", erschienen beim Autorenverlag Artep/Edition Lumen im Frühjahr 2006 unter dem Pseudonym „Agnes

Auen", enthält eine tiefgreifende Auseinander-
setzung mit dieser Krise. Ines Nandi sah ihr
seelisches Ungleichgewicht von Beginn an auch
als ein *spirituelles* Problem an und setzte sich
über viele Jahre mit den Weltreligionen und mit
Themen der Esoterik auseinander. In diesem
Zusammenhang entstand ihr erster Roman,
„Zeiten-Sprung", geschrieben 1998 und er-
schienen im Dezember 2004 beim Heimdall Ver-
lag. Alle Arbeiten von Ines Nandi, sowohl die
autobiografischen, die als eBooks über ihre Au-
toren-Homepage bestellt werden können, als
auch die literarischen, sind von spirituellen
Themen bestimmt.

Bisherige Veröffentlichungen:

„Hoffnung". Erstauflage der vorliegenden Gedichte mit eigenen Illustrationen, 2001 im Selbstverlag.

„Dreizehn Prinzen". Märchen, Erstfassung mit eigenen Illustrationen, 2003 im Selbstverlag.

„Zeiten-Sprung". Roman, 2004 beim Heimdall Verlag.

„Die Jungfrau, die heiraten wollte". Autobiografische Notizen, 2006 beim Autorenverlag Artep/Edition Lumen.

„Die Wibbel-Wabbels kommen! Eine Geschichte für Kinder von 8 bis 88". Als Buch 2011 bei Books on Demand, sowie als eBook, 2011 bei der Edition Lumen.

„Janas Weg". Spiritueller Roman, 2011 beim Buchverlag Krefeld.

„Dreizehn Prinzen". Märchen, Neuauflage 2011 bei Books on Demand.

Webseite der Autorin:

www.autorin-ines-nandi.de

Die jüngsten Veröffentlichungen:

Das Kinderbuch „Die Wibbel-Wabbels kommen!"

Eines Abends fliegen ganz viele kleine, bunte, singklingende Wesen in ein Kinderzimmer herein. Sie kommen von den Plejaden und besuchen das Kristallkind Klara, um ihr zu helfen, Liebe und Freude in das Leben ihrer Eltern und ihrer Umgebung zu bringen. Klara nennt diese Wesen „Wibbel-Wabbels", weil sie sich ständig bewegen und ihre Form verändern. Ihr Wortführer ist „Professor Paff", ein kleiner Drache mit einem Nilpferdkopf, der mit Vorliebe Pupser lässt, die nach Rosengarten duften.

Klaras Eltern können die Wibbel-Wabbels zunächst nicht wahrnehmen und telefonieren nach dem Notarzt, weil sie glauben, ihr Kind habe Halluzinationen. Zum Glück kommt Wera Wolf, die beste Freundin von Klaras Mutter, gerade rechtzeitig zu einem Besuch, und sie kann die Sternenwesen sehen...

Der Roman „Janas Weg"

Jana, eine junge Floristin, verliebt sich auf den ersten Blick in den Kunststudenten Manuel. Aber der hat soeben bei ihr 23 rote Rosen zum Geburtstag seiner großen Liebe, der Psychologiestudentin Angela, gekauft! Danach geht es im wahrsten Sinne des Wortes rund: Bald stellt sich heraus, dass Angela eigentlich unsterblich in Manuels Dozenten Sixtus verliebt ist. Und der wiederum verfällt Jana mit Haut und Haaren! Ein Hamsterrad beginnt sich zu drehen, eine Lösung ist nicht in Sicht. Bis Angela eines Tages in tiefer Verzweiflung einen Selbstmordversuch unternimmt...

Auf ihrer Wanderung durch all diese Verstrikkungen, die vorübergehend auch in eine Beziehung mit Sixtus führt, öffnet sich für Jana unverhofft ein Weg nach Innen. Über die Begegnung mit ihrem Schutzengel wird sie zu ihrer eigenen Chefin gelenkt. Elisabeth Mauermann aber ist eine „Spirituelle", die Jana von einer bevorstehenden Zeitenwende erzählt und sie in die Erfahrung der Vergangenheit früherer Leben hinein begleitet. Neue Horizonte tun sich auf, aber auch neue Widerstände. Jana erlebt weitere sehr schmerzhafte Prozesse, doch eines Tages begegnet sie Ansgar, dem Sohn ihrer Chefin...

Die Märchen „Dreizehn Prinzen"

Dreizehn Verwandlungs- und Liebesgeschichten erzählen von verwunschenen Prinzen und Prinzessinnen, aber auch von jungen Frauen aus der heutigen Welt, in deren Leben die Traumzeit einbricht. Dreizehn Mal geschieht eine Wandlung – bewirkt durch die Liebe...